NATIONAL GEOGRAPHIC

Peldaños

LA COSTA
del Pacífico
¿DÓNDE ES ESO?

EXPLORAR LA

COSTA DEL PACÍFICO

por Brett Gover

Tiene playas soleadas y secoyas gigantes en California. Tiene **glaciares** (grandes capas de hielo) en Alaska y **volcanes** en Hawái. La costa del Pacífico lo tiene todo.

Esta diversa región bordea el océano Pacífico, el océano más grande del mundo. La costa del Pacífico se extiende varios miles de millas e incluye Alaska, Washington, Oregón y California: la costa del Pacífico también incluye las ocho islas principales de Hawái. Hawái se encuentra a más de 2,000 millas de California, en el medio del océano Pacífico.

La mayoría de los **terremotos** más importantes y la mayoría de las erupciones volcánicas de los Estados Unidos ocurren a lo largo de la costa del Pacífico. Un terremoto es un sacudón violento de la superficie de la Tierra. Un volcán es una abertura en la corteza de la Tierra donde la roca fundida y los gases escapan de debajo del suelo. A pesar de estos peligros, muchas personas viven en la costa del Pacífico. Las mismas fuerzas **geológicas** que causan los terremotos también crean bellos paisajes.

Muchas personas van a avistar ballenas y delfines a lo largo de la costa del Pacífico. Verán espectáculos como esta ballena jorobada saltando de espaldas en el agua. Cuando una ballena salta fuera del agua se llama rompimiento.

¿Dónde es eso?

LA COSTA DEL PACÍFICO

Los cinco estados a lo largo de la costa del Pacífico tienen una rica historia y espectaculares características naturales. Echa un vistazo a estos hechos.

California

Las secoyas de los bosques de California son los árboles más altos del mundo. La secoya más alta mide unos 365 pies. ¡Esa es la altura de un edificio de 30 pisos!

Alaska

El Sol envía partículas, o pequeños trozos de materia, al espacio. Cuando estas partículas chocan con los gases de la atmósfera de la Tierra, producen luces coloridas que pueden verse en el cielo nocturno de Alaska. Las llamamos aurora boreal.

Hawái

Las islas hawaianas son en realidad cimas de volcanes que se elevan desde el fondo del mar. El Mauna Loa hawaiano es el volcán más grande del mundo. Su vecino, Kilauea, ha estado en erupción desde el año 1983.

Alaska

Hawái

Washington

La piedra preciosa oficial de Washington es la madera petrificada: madera que se ha convertido en piedra. Los árboles muertos cayeron y quedaron enterrados bajo capas de tierra y roca. Después de millones de años, minerales reemplazaron la madera y la convirtieron en un fósil.

Washington

Oregón

California

Oregón

Leones marinos, ballenas y aves se reúnen en Sea Lion Cave en Florence, Oregón. Esta cueva marina natural es tan grande como una cancha de fútbol americano. ¿Sabes cuál es la diferencia entre un león marino y una foca? Parte de la oreja del león marino está en la parte externa de su cuerpo. Una foca no tiene orejas visibles.

Compruébalo ¿Qué cosas tienen en común los cinco estados que se encuentran junto a la costa del Pacífico?

EL ANILLO DE FUEGO

por Brett Gover

stás en tu habitación leyendo cuando oyes un sonido retumbante. A medida que se hace más estruendoso, el piso comienza a sacudirse. El florero sobre tu escritorio se vuelca. Intentas ponerte de pie, pero el sacudón te empuja de vuelta a tu silla. El suelo no parece muy sólido. Unos segundos después, el violento sacudón se detiene. Acabas de experimentar un terremoto.

Los terremotos pueden suceder en cualquier momento en la costa del Pacífico: ¡casi a diario! Sin embargo, la mayoría de ellos son demasiado pequeños para sentirlos. La mayoría de los terremotos y las erupciones volcánicas del mundo ocurren junto al Anillo de Fuego. El Anillo de Fuego es un área de tierra de unas 25,000 millas de largo. Tiene forma de herradura y rodea el océano Pacífico. En el Anillo de Fuego, la tierra se sacude y los volcanes hacen erupción periódicamente.

< En marzo de 2009, el monte Redoubt, cubierto de hielo, en Alaska, entró en erupción. Una columna de ceniza se disparó más de 10 millas hacia el cielo. La erupción duró dos semanas.

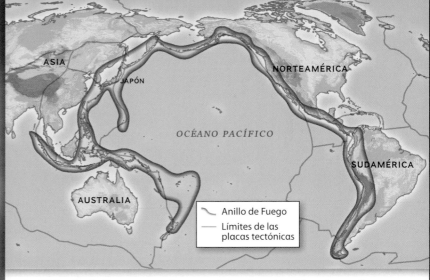

^ El Anillo de Fuego sigue la costa del océano Pacífico. Lee sobre las placas de la Tierra en la página siguiente.

LA TIERRA EN MOVIMIENTO

¿Por qué los terremotos y las erupciones volcánicas ocurren en el Anillo de Fuego? La capa externa, o corteza, de la Tierra, se compone de partes llamadas **placas**. Muchas de estas placas se unen en las profundidades subterráneas en el Anillo de Fuego. En la superficie de la Tierra, pueden formarse grandes grietas llamadas **fallas**, que nos muestran dónde se unen las placas.

Las placas se desplazan lentamente, solo unas cuantas pulgadas por año. A medida que una placa se desplaza, su borde puede empujar otra placa. A medida que una placa se desliza bajo la otra, el calor subterráneo derrite la otra placa. Esto forma roca caliente, fundida. La roca fundida se eleva hacia la superficie de la Tierra. Si llega a la superficie, puede erupcionar y formar un volcán.

∧ **Llanura Carrizo, California** La falla de San Andrés es donde se unen las placas del Pacífico y de Norteamérica. Mide aproximadamente 800 millas de largo. Cuando se desplaza lateralmente, causa terremotos grandes y pequeños.

A veces, los bordes de las placas se acoplan. Se presionan cada vez más fuerte. La presión se acumula hasta que las placas se desplazan lateralmente a lo largo de una línea de falla y producen un terremoto. Si ocurre un terremoto bajo el océano, las placas que se desplazan bajo el agua pueden formar una enorme ola llamada **tsunami**. Los tsunamis pueden ser mucho más destructivos que los terremotos que los causan.

En el año 2011, un poderoso terremoto submarino en Japón produjo tsunamis que se precipitaron hacia la tierra y las ciudades costeras. Olas gigantes, algunas de más de 30 pies de alto, destruyeron ciudades y mataron a miles de personas. También dañaron plantas nucleares y produjeron la liberación de **radiación**. Japón todavía se está recuperando del desastre.

∨ **Tokio, Japón** En el año 2011, un poderoso tsunami hizo colapsar muchas casas y negocios en la costa de Japón.

∧ **Northridge, California** Los terremotos pueden causar daños terribles. Un terremoto poderoso destruyó miles de edificios en el sur de California en el año 1994.

Compruébalo ¿Qué es el Anillo de Fuego y dónde está?

¡Pongámonos en marcha!

por Grant Herbek

Iba en nuestra camioneta con mi familia cuando comencé este diario. Quería documentar nuestro viaje por la Autopista 1 de California. Comenzamos cerca de Big Sur y luego visitamos Point Lobos, Monterey y Pacific Grove. Al día siguiente fuimos a San Francisco y cruzamos el puente Golden Gate para echar un vistazo al bosque Muir. Y por último, fuimos tierra adentro a las tierras del oro. Mi hermanito, Will, no hallaba la hora de cribar oro y volvernos ricos. (Sí, claro).

Camino a Big Sur, me las arreglé para escribir en mi diario sin marearme en la serpenteante autopista costera. Nos detuvimos en algunas vistas panorámicas asombrosas. Cientos de pies debajo de nosotros, las olas chocaban contra rocas negras puntiagudas. No hay playas arenosas aquí, y sin dudas, un principiante como yo no puede surfear aquí.

En la reserva estatal Point Lobos, las olas del mar labraron extrañas figuras y remolinos en esta piedra arenisca. Parece suave, como la arena común, pero es dura y áspera como la piedra. Trepamos por ella.

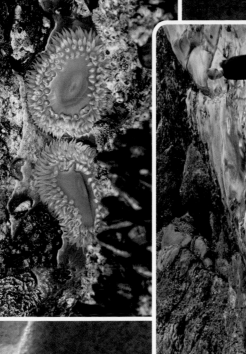

En Big Sur, las olas llenaban esta poza de marea con agua mientras echábamos un vistazo. Había cangrejos ermitaños, estrellas de mar y anémonas, que parecen plantas.

Point Lobos estaba llena de aves. Cerca de un lugar llamado isla Bird, Will se la pasó chillándole a un ave negra llamada ostrero. ¡El ave le contestó con chillidos!

Point Lobos

Cerca de Big Sur, visitamos la reserva estatal Point Lobos. Una reserva estatal es un área que está protegida de las personas que quisieran urbanizar la tierra. En otras palabras, personas como los mineros y los constructores. Point Lobos solía llamarse "Point of the Sea Wolves" (que en español sería "Punta de los lobos marinos"). Pero no encontramos lobos marinos allí. En cambio, vimos toneladas de leones marinos que emitían sonidos que parecían ladridos. Parecían masas grises sin forma. ¡Los leones marinos están en todos lados a lo largo de la costa de California!

Will se la pasó observando a través de mis binoculares, lo que fue molesto, pero luego detectó un chorro de agua en el océano. Tomé los binoculares para buscar ballenas grises, pero todo lo que vi fue una gaviota. Nuestro folleto decía que todos los años, las ballenas grises **migran** 7,000 millas desde México hasta Alaska y de vuelta. A veces se detienen en esta área, por lo tanto, pensé que quizá las veríamos. Quizá la próxima vez.

Pacific Grove

Desde Point Lobos, fuimos en carro hasta el parque Point Lovers en la ciudad de Pacific Grove. Tomamos un helado y caminamos por un camino que corre junto a la costa. Unos buzos se estaban vistiendo para sumergirse en la playa. Hablamos con ellos y descubrimos que esperaban ver nutrias, estrellas de mar y quizá incluso rayas, que son esos peces realmente planos que están emparentados con los tiburones. Algún día me gustaría probar el buceo, pero quizá en aguas más cálidas.

El océano junto a Pacific Grove estaba lleno de balseros. Remaban en donde las olas eran muy pequeñas. Grandes trozos de plantas marinas llamadas **kelp** habían aparecido a lo largo de la costa. Olía realmente mal. A los balseros probablemente se les enredaban los remos en ellas. Al final de nuestra caminata, el viento aumentó y el agua se volvió turbulenta. ¡Espero que los balseros hayan vuelto sanos y salvos!

< Pasamos mucho tiempo escalando las rocas de Pacific Grove y la bahía de Monterey, buscando rocas increíbles para la colección de Will.

Los leones marinos en la bahía de Monterey eran realmente estruendosos. Estos jóvenes eran divertidos. Se la pasaron tratando de tumbarse de las rocas.

¿Qué puede bailar y brillar pero tiene un cruel aguijón? Las medusas como estas. Vimos medusas de todos colores, formas y tamaños en el acuario de la bahía ce Monterey.

Bahía de Monterey

Mi mamá quería visitar el acuario de la bahía de Monterey, así es que nos detuvimos allí. Debo decir que valió la pena. Había tantas cosas para ver. La favorita de Will fue el tanque para tocar las rayas, donde podíamos meter las manos en el agua y tocar las rayas. Vimos cómo doblaban sus aletas para encontrar almejas en la arena, algo increíble.

Me gustó el bosque de kelp de tres pisos. Era la hora de alimentación cuando llegamos allí, y un buzo nadó en el tanque y alimentó a los tiburones y otros peces con sus manos. Fue asombroso.

13

Después de un terremoto en el año 1989, los leones marinos ocuparon una plataforma en el muelle 39 de San Francisco. En cierto momento, vivían allí más de 1,700 leones marinos. El lugar todavía alberga cientos de leones marinos. Era divertido observarlos. También hay una cámara web de los leones marinos en Internet para observarlos desde casa.

La construcción del puente Golden Gate tomó cuatro años. Mide más de una milla y media.

San Francisco

El acuario de la bahía de Monterey fue mi parte favorita de nuestro viaje, hasta que vi San Francisco. ¡Qué ciudad! Hicimos muchas cosas allí, pero todavía quiero volver y hacer más.

Comenzamos nuestra visita cruzando el puente Golden Gate en bicicleta. ¿Sabías que se pintó anaranjado para que pudiera verse en la niebla?

La mayoría de los días está nublado en San Francisco. Por suerte, nos tocó un día soleado para nuestro paseo en bicicleta, aunque se puso frío cuando cruzábamos el puente. Después de cruzar el Golden Gate, almorzamos en una ciudad llamada Sausalito. Tomamos un transbordador de vuelta a San Francisco, en lugar de recorrer las ocho millas de regreso en bicicleta. No me hice problema. Mis piernas parecían de hule después de tanto pedalear hacia arriba y abajo. San Francisco es una ciudad empinada.

Alcatraz es una antigua prisión. Se construyó en medio de la bahía de San Francisco para que los prisioneros no pudieran escapar. Alcatraz ya no se usa más como prisión, pero se puede visitar. Hicimos el espeluznante paseo nocturno. Saqué esta foto del escalofriante hospital de la prisión. Juro que está embrujado.

Después de caminar por San Francisco, nos subimos a un tranvía. Echamos un vistazo a North Beach y al Barrio Chino de esta manera. North Beach es un vecindario italiano con excelente comida, pero sin playa.

Bosque Muir

El bosque Muir se llama así en honor a John Muir, un hombre que ayudó a crear el Sistema de Parques Nacionales de los EE. UU. hace más de 100 años. Es un bosque de secoyas a solo 11 millas al norte del puente Golden Gate. Le di instrucciones a mi papá con el mapa de California.

El bosque Muir fue increíble. Las secoyas se extienden cientos de pies hacia arriba. Nos sentíamos como hormiguitas junto a sus troncos. Muchos de estos árboles tienen de 600 a 800 años. ¡Uno tiene más de 1,200 años! Hicimos la caminata de dos millas para ver buena parte del bosque. Era tranquilo, frío y sombreado.

Las secoyas costeras son los seres vivos más altos de la Tierra. Los árboles del bosque Muir miden aproximadamente 250 pies de alto. Algunas secoyas crecen más de 350 pies de alto.

> Will debe haber llenado su criba mil veces ese día. La sacudía a la izquierda y a la derecha para que el oro pesado se moviera hasta el fondo.

> A mi papá le encanta sacar fotos tontas. No pudimos resistirnos cuando vimos este árbol en el sendero del bosque Muir.

La tierra del oro

Finalmente era hora de que Will cribara oro. Nos alejamos de la costa de California hacia las montañas. Después de unas horas, llegamos al parque histórico estatal Marshall Gold Discovery en Coloma, California. Compramos unas cuantas cribas para oro en la tienda de recuerdos y el cajero nos dijo que un gran descubrimiento de oro en este lugar ayudó a que comenzara la fiebre del oro de California en el año 1849. Will se emocionó aún más.

Después de visitar el museo de la extracción de oro, caminamos hasta el río American, donde los *forty-niners* cribaban hace mucho. Estos mineros obtuvieron su apodo del año 1849, el año de la fiebre del oro. Formamos remolinos con el agua, la arena y pequeñas manchas de oro en nuestras cribas, extrayendo el oro. Papá me dijo que probablemente solo era pirita, u "oro de los tontos", pero no le contamos a Will. Volverse ricos (o algo así) era el final perfecto de nuestro viaje.

Compruébalo ¿Cuál es tu lugar favorito sobre el que escribió el niño? ¿Cómo describirías ese lugar a un amigo?

A SURFEAR

por Becky Manfredini

En la lengua hawaiana, *he'e nalu* significa "montar las olas". Eso es exactamente lo que hacen estos surfistas en Hawái.

Estoy volando. Soy un ave que flota en el viento. Soy parte de la ola.

Estas oraciones describen un deporte y una forma de vida: el surf. Muchos surfistas de la costa del Pacífico dicen que "atrapar una ola" y montarla hasta la costa no se parece a ninguna otra sensación.

El surf tiene su **origen**, o comienzo, en Hawái. En el siglo XVIII, se consideraba "el deporte de los reyes". Los caciques hawaianos montaban las olas hasta la costa de pie sobre tablas de hasta 24 pies de largo.

Las tablas reales hawaianas podían pesar hasta 175 libras y estaban hechas de la madera más fina. Los caciques se adentraban al mar nadando y desafiaban las olas para demostrar su coraje. En la sociedad hawaiana, la **realeza** surfeaba en sus propias ensenadas y arrecifes. Estaba prohibido que las personas comunes montaran las mismas olas que la realeza.

Lugares para surfear

Para encontrar las mejores olas, los surfistas experimentados estudian la costa y la dirección de las olas. Evitan las áreas rocosas y buscan lugares más tranquilos y menos poblados. Muchos surfistas expertos son exigentes en cuanto al lugar donde surfean. Estas son algunas de las playas que satisfacen sus altas exigencias.

La playa Waikiki está en la isla hawaiana de Oahu. Es muy popular, por lo tanto, suele estar abarrotada. Pero si eres un novato del surf, Waikiki es un excelente lugar para aprender.

La playa Surfrider, en el sur de California, se hizo famosa después de aparecer en películas de surf y en canciones de una banda llamada Beach Boys. Todavía es uno de los mejores lugares del mundo para surfear.

En la costa norte de Oahu, la tubería Banzai desafía hasta a los mejores surfistas con olas gigantes con forma de barril. Darás un paseo emocionante dentro de la "tubería", o la curva hueca de la ola.

Si quieres surfear una montaña, prueba Mavericks en la bahía Half Moon, California. Sus olas altas se desarrollan desde una milla antes de romper, o desparramarse. Allí es cuando los surfistas pueden montar la ola. Todos los años, en Mavericks se celebra una competencia en la que los surfistas montan olas de 50 pies mientras intentan evitar las rocas y los mares turbulentos.

∧ Un surfista disfruta de un paseo emocionante en la playa Surfrider en California.

< ¡Esta ola monstruosa es tan grande que la llaman Tiburón! Puede medir hasta 120 pies de alto. Tiburón se encuentra en la isla hawaiana de Maui.

Equipo de surf

¿Qué tipo de equipo necesitan los surfistas? Depende de lo que quieran hacer. Las tablas largas generalmente miden nueve pies de largo. Es fácil atrapar una ola con una tabla larga, ya que es muy estable. Las tablas cortas son más complicadas para los principiantes, pero a los surfistas experimentados les gustan porque son muy livianas y fáciles de manipular. Cuando los surfistas quieren realizar trucos, eligen una tabla corta de cinco a siete pies.

Algunos surfean sin tabla. Esto se llama cabalgar sobre las olas. Los que cabalgan olas usan aletas en los pies para remar por el agua y usan su cuerpo como tabla de surf. Algunos dicen que cabalgar olas es la manera definitiva de conectarse con el océano.

¿Y qué hay sobre otros equipos? En las aguas cálidas de Hawái, no se necesita más que un traje de baño, pero en el norte de California, es mejor usar un traje de bucco. Una pequeña cantidad de agua queda atrapada entre este traje ajustado de hule y tu cuerpo. El agua se calienta a tu temperatura corporal, lo que te permite surfear en agua fría.

Hace mucho, los hawaianos tallaban tablas en maderas duras como la caoba. En la actualidad, la mayoría de las tablas de surf están hechas con materiales derivados del plástico.

Cómo hablar el idioma del surf

Si estás con surfistas, quizá oigas algo así: "Viejo, esa ola fue tan *nudosa* que casi quedo *trapeado*! Eso fue *padre*, pero debo *serenarme*". Muchos surfistas usan mucha **jerga**.

¿Por qué los surfistas usan estas palabras? Como tus amigos y tú tienen bromas que solo ustedes entienden, los surfistas usan la jerga del surf para describir las experiencias que han tenido en el agua. Las palabras pueden provenir de cualquier lado. Con frecuencia, una persona las inventa y luego se difunden por toda la comunidad. Estas son algunas palabras en inglés para que hables como un verdadero surfista.

Duck Dive

impulsar tu tabla bajo el agua, pasar bajo una ola y emerger del otro lado

Shaka

un gesto con la mano en el que los dedos están doblados, con el pulgar y el meñique hacia afuera; lo usan los surfistas como saludo o celebración

Hang Ten

un truco de surf en el que la tabla está lo suficientemente estable sobre la ola que el surfer puede dejar colgando los diez dedos de los pies en la punta de la tabla

Wipeout

caerse de la tabla de surf

Barrel

tubo hueco de una ola que rompe

CARVE girar mientras se monta una ola

CHILLAX mezcla entre calmarse y relajarse

¡COWABUNGA! expresión como "¡Yupi!" que muestra que la estás pasando muy bien

DA KINE en hawaiano, esto significa "el mejor"

GNARLY increíble, incluso mejor que extremo o radical

RAG DOLLED que una ola te derribe o voltee

SHRED hacer giros múltiples en una tabla corta

Compruébalo ¿En qué se diferencian las tablas cortas de las tablas largas, y por qué los surfistas prefieren una en lugar de la otra?

GÉNERO Artículo de Estudios Sociales

Lee para descubrir sobre la erupción del monte St. Helens y sus efectos.

UN GIGANTE DORMIDO

Un científico observa un bulto en una parte de la montaña un mes antes de la erupción. El magma que se elevaba produjo el bulto.

¡RETUMBA, VIBRA, CRUGE, BUM!

Para la mayoría de los residentes, el monte St. Helens, de Washington, era un gigante dormido. El volcán no había hecho erupción en 120 años. Los excursionistas y los fotógrafos se sentían atraídos por la bella montaña, y muchas personas vivían en su base. Se elevaba sobre bosques

por Elizabeth Massie

se despierta

exuberantes llenos de osos y alces y estaba rodeado por lagos transparentes.

Pero en la primavera de 1980, una serie de terremotos comenzaron a perturbar el monte St. Helens. Comenzaron a formarse grietas en la corteza terrestre y comenzó a acumularse presión. El volcán estaba a punto de hacer erupción.

Antes de que un volcán erupcione, el **magma**, o roca derretida, acecha en sus profundidades. Cuando la presión dentro de la Tierra se hace suficientemente fuerte, este magma atrapado puede erupcionar. Se convierte en **lava** cuando llega a la superficie de la Tierra. Se sabía que algún día el monte St. Helens entraría en erupción. Simplemente no se sabía cuándo.

Antes de mayo de 1980, el monte St. Helens se elevaba 9,677 pies sobre el nivel del mar. La erupción derrumbó 1,314 pies de la montaña. Esto hizo que quedara más baja y redondeada.

UNA ERUPCIÓN VIOLENTA

Durante dos meses, el vapor salió a chorros por las grietas en la superficie del monte St. Helens. Un bulto apareció en la ladera de la montaña cuando el magma se elevó dentro de ella. Se estaba acumulando presión. La policía estatal intentó evacuar a todos del área, pero algunas personas se resistieron, y los turistas seguían llegando.

El 18 de mayo de 1980, un terremoto originó un derrumbe de tierra a lo largo de la ladera norte de la montaña. Luego una explosión voló esa ladera de la montaña. Esto dejó expuesto el magma y soltó toda esa presión. Más explosiones dispararon ceniza, gases, rocas y vapor a una velocidad de unas 300 millas por hora.

Un derrumbe de tierra derribó la montaña y sepultó el área. Rocas calientes y cenizas llovieron sobre los bosques y los lagos. La ceniza oscureció el cielo a 250 millas.

8:32 A.M. El terremoto origina un derrumbe de tierra. Esto permite que gases explosivos y magma escapen del volcán.

8:32 A.M. El derrumbe de tierra y las explosiones continúan cuando la ladera del volcán explota.

8:33 A.M. Menos de un minuto después del derrumbe de tierra, el cielo se llena de gases calientes y nubes ondulantes de ceniza.

La erupción mató a 57 personas y destruyó más de 200 hogares. La lava, la ceniza y el lodo dejaron sepultadas unas 200 millas cuadradas de tierra. Muchos animales y plantas se quemaron y los árboles se derribaron.

"Pronto se oscureció como la noche, aunque apenas comenzaba la tarde", recuerda un residente local. "Incluso en el corto recorrido del carro a la casa, las calientes ráfagas de ceniza nos recubrían el cabello, la piel y la ropa con partículas arenosas y grises".

Rowe Findley, un escritor de *National Geographic,* recuerda: "Tan pronto como puedo, voy por aire para observar mejor, y me niego a aceptar lo que veo. Toda la parte superior de la montaña había desaparecido".

La explosión derribó los bosques que rodeaban el monte St. Helens. Las **coníferas** de los bosques de hojas perennes demoraron en regresar. Más de 30 años después, estos árboles no se han recuperado por completo.

Las primeras plantas que regresaron al área **devastada** fueron flores silvestres púrpuras llamadas lupinos de la pradera. Gradualmente, otras plantas y animales regresaron también. "La erupción realmente causó cambios drásticos en el ecosistema del bosque" dijo un científico de la Universidad Estatal de Washington.

El monte St. Helens no se ha tranquilizado totalmente aún. Después de la erupción, terremotos ocasionales sacudieron el área. En septiembre de 2004, la montaña entró en erupción de nuevo, aunque esta vez el daño no fue tanto como el del año 1980. No obstante, la erupción siguió produciendo lava hasta enero de 2008. Cuando la lava llegó a la superficie, se enfrió y se endureció y formó un domo de roca. Cuando la erupción terminó, ¡el domo medía 1,500 pies de alto! Los científicos no están seguros de por qué las erupciones duraron tanto.

∧ El monte St. Helens puede parecer tranquilo en esta fotografía actual, pero no te engañes. ¡Es un volcán activo y tiene una historia destructiva!

En la actualidad, el área que rodea el monte St. Helens alberga alces, coyotes y muchos otros animales. Los turistas pasean en helicóptero y caminan por la montaña para ver cómo se ha recuperado. Pero, ¿están en peligro? Desde la erupción del año 1980, los científicos han estudiado el monte St. Helens de cerca. A medida que aprenden más sobre él, esperan poder predecir mejor cuándo entrará en erupción de nuevo y si hay peligro en explorar al gigante inquieto.

Animales como esta ardilla de manto dorado han regresado al área que devastó el volcán.

Las primeras plantas que volvieron al área fueron flores silvestres como estas.

Compruébalo Explica cómo la erupción del año 2004 a 2008 del monte St. Helens se diferenció de la erupción del año 1980.

Comenta

1. ¿Qué conexiones puedes establecer entre los cinco artículos de este libro? ¿Cómo crees que se relacionan los artículos?

2. ¿Por qué hay tantos terremotos y erupciones volcánicas en el área conocida como el Anillo de Fuego?

3. "¡Pongámonos en marcha!" es un relato de primera mano de un viaje a la costa del Pacífico. ¿En qué se diferencia leer un diario de viaje de leer un artículo informativo en tu libro de texto?

4. ¿Cuáles son algunos de los peligros del surf? ¿Cuáles crees que serán los beneficios?

5. ¿Qué más te gustaría saber sobre la costa del Pacífico? ¿Cómo puedes saber más sobre esta región?